DE SWOT-ANALYSE

BELANGRIJKE INFORMATIE

- **Naam:** de SWOT-analyse of SWOT-methode is een acroniem van de termen Sterke punten, Zwakke punten, Kansen en Bedreigingen.

- **Gebruik: met** dit model kunnen organisaties (ondernemingen, overheidsdiensten of verenigingen) snel zowel hun interne factoren in verband met hun interne werking als hun externe factoren die afhangen van de omgeving waarin zij evolueren, identificeren. De SWOT-analyse wordt gebruikt als besluitvormingsinstrument en om de ontwikkeling van strategische plannen te vergemakkelijken.

- **Waarom is het succesvol?** De kracht van de SWOT-analyse ligt in haar eenvoud. Hij is niet alleen gemakkelijk te gebruiken, maar verzamelt ook resultaten die gemakkelijk aan het publiek kunnen worden medegedeeld.

- **Trefwoorden:**

  - Externe factor: een element waarop een organisatie geen invloed heeft en dat verband houdt met de omgeving waarin zij zich ontwikkelt.

  - Interne factor: een element dat door de organisatie kan worden beïnvloed of gewijzigd.

DE SWOT-ANALYSE

Een belangrijk instrument voor de ontwikkeling van bedrijfsstrategieën

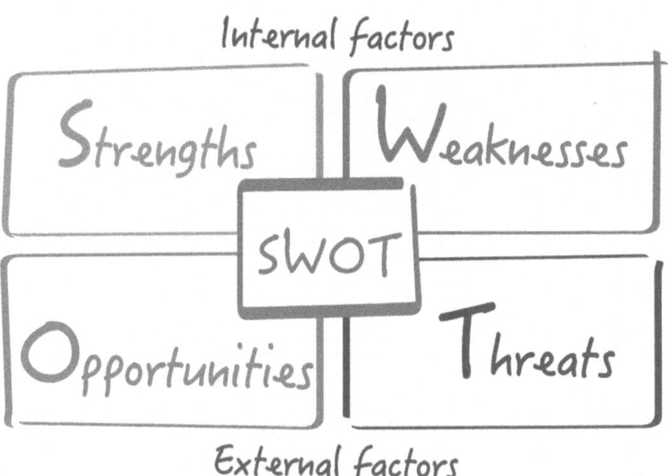

50MINUTES.com

DE SWOT-ANALYSE

Een belangrijk instrument voor de ontwikkeling van bedrijfsstrategieën

geschreven door Christophe Speth
vertaald door Nikki Claes

50MINUTES.com

- Sterke punten: interne factoren van de onderneming die haar concurrentiepositie versterken.

- Zwakke punten: interne factoren die de concurrentiepositie van een organisatie verzwakken.

- Kansen: externe factoren die de concurrentiepositie van een organisatie positief kunnen beïnvloeden.

- Bedreigingen: externe factoren die de externe omgeving van een organisatie negatief beïnvloeden.

INLEIDING

Geschiedenis

De SWOT-analyse vindt zijn oorsprong in de publicatie *Business Policy: Text and Cases* (1965), gecreëerd door vier professoren aan de Harvard University – Edmund Philip Learned (1900-1991), Roland Chris Christensen (1919-1999), Kenneth Richmond Andrews (1916-2005) en William D. Guth. Deze methode is een van de eerste modellen die de externe omgeving van een organisatie in aanmerking neemt. Voordien beperkten strategiemodellen zich tot strategische planning, zonder rekening te houden met de omgeving.

Tegenwoordig wordt de SWOT-analyse vooral gebruikt binnen de marketingafdelingen van grote ondernemingen. Veel KMO's gebruiken het ook als besluitvormingsinstrument.

Ook een aantal adviesbureaus gebruiken de SWOT-analyse omdat zij daarmee snel een analyse kunnen maken en deze schematisch en eenvoudiger aan hun klanten kunnen presenteren. Andere bedrijven, zoals McKinsey en BCG, hebben hun eigen analysemodellen.

Definitie

De SWOT-analyse is een multidimensionaal instrument voor strategische analyse:

- het identificeert de interne factoren van een organisatie (sterke en zwakke punten) en de externe factoren in verband met de omgeving (zwakke punten en bedreigingen);

- het stelt organisaties ook in staat factoren te prioriteren in termen van verwachte impact, of ze nu positief (sterke punten en kansen) of negatief (zwakke punten en bedreigingen) zijn.

Een SWOT-analyse heeft geen intrinsieke waarde, tenzij zij wordt gebruikt voor strategische doeleinden.

THEORIE

De SWOT-analyse onderzoekt de huidige situatie van een organisatie op een bepaald moment, op een toekomstgerichte manier in tegenstelling tot een retrospectieve. Zij analyseert ook de structuur, rekening houdend met de toekomstperspectieven. Tegelijkertijd richt de SWOT-analyse zich op de interne functionaliteit (sterke en zwakke punten) en op de externe omgeving (kansen en bedreigingen) van een organisatie.

- **Sterke punten** zijn elementen van een organisatie die haar ontwikkeling en concurrentiepositie positief beïnvloeden. In het algemeen worden sterke punten als bijzonder belangrijk beschouwd omdat zij de concurrentie niet kenmerken. De SWOT-analyse identificeert de concurrentievoordelen van een onderneming ten opzichte van haar concurrenten.

- **Zwakke punten houden** ook verband met de interne werking van een organisatie, maar hebben doorgaans een negatieve invloed op haar ontwikkeling en concurrentiepositie. Het vermogen om de interne zwakke punten van een organisatie duidelijk te identificeren is van vitaal belang: het maakt het mogelijk de relevante punten te verbeteren en de werkzaamheden te heroriënteren om ze minder kwetsbaar te maken.

- **Kansen** voor een organisatie zijn afhankelijk van de mogelijkheden in de externe omgeving. Zij kunnen worden benut om de vooruitgang en de concurrentiepositie te verbeteren. Zodra dit is gebeurd, kunnen zij krachten worden die de ontwikkeling van een organisatie positief beïnvloeden.

- Ook **bedreigingen** zijn afkomstig uit de externe omgeving van een organisatie. De identificatie ervan is vaak het resultaat van traditioneel strategisch werk. Zolang zij tijdig worden ontdekt, kan beter worden geanticipeerd op bedreigingen en kunnen de gevolgen ervan voor de prestaties worden beperkt (en omgekeerd).

Soms kunnen bedreigingen sterke punten worden. Evenzo kunnen kansen zwakke punten worden. Aangezien de organisatie zich niet alleen in haar omgeving ontwikkelt, hangt haar toekomst ook af van de beslissingen van de concurrenten.

FACTOREN DIE DE EVOLUTIE VAN EEN ORGANISATIE BEÏNVLOEDEN

Wat de interne werking betreft, moet rekening worden gehouden met vele kenmerken om de sterke en zwakke punten van een organisatie vast te stellen:

- **Concurrentievermogen op kosten.** Een van de eerste aspecten die een onderneming concurrerend maken, is haar vermogen om de kosten laag te houden. Om de kosten te beheersen moet zij de efficiëntie van de productietechniek (is het mogelijk meer te produceren met minder?) en de toewijzing van middelen (moet zij kapitaal vervangen door arbeid?) nauwlettend in het oog houden. Er kan een conflict ontstaan tussen kostenconcurrentievermogen en bescherming van de werknemers. Als bijvoorbeeld lagere sociale en milieunormen de kosten kunnen verlagen, betekent dat niet dat dit geen (negatieve) gevolgen heeft voor de werknemers.

- **Netwerk en distributiecapaciteit.** Beschikt de bedrijfsstructuur over een doeltreffend distributienetwerk? Garandeert het met name een goede leveringsdienst (hoog percentage producten dat op tijd aankomt, laag percentage breuken, laag percentage fouten, enz.)? slaagt zij erin de distributiekosten te rationaliseren (voldoende lage globale kosten voor opslag en vervoer van goederen)? Een mogelijk compromis tussen productkwaliteit, levertijd en distributiekosten is een lager voorraadniveau. Deze strategie is gebaseerd op het toenemende gebruik van nieuwe informatietechnologie en communicatie (NICT). Vaak aangeduid als "just-in-time-productie" betekent dit dat een onderneming een product vervaardigt zodra het door de klant is besteld en dat het dankzij een effectief distributienetwerk in zeer korte tijd wordt geleverd.

- **Verkoop en marketing.** Ook de marketingafdeling speelt een cruciale rol in het succes van een onderneming. Is zij in staat te anticiperen op de behoeften van de klant? Is zij in staat publiciteitscampagnes op te zetten om klanten aan te trekken? Een goede marketingstrategie is een onmiskenbare kracht voor elk bedrijf.

- **Financiële middelen.** Voldoende financiële stabiliteit is een echte troef voor een organisatie. In feite speelt het vermogen om liquiditeiten aan te trekken een belangrijke rol, aangezien dit essentieel is voor het opstarten van elk uitbreidingsproject.

- **Human resources.** Het personeelsbeheer is een aspect dat vaak wordt verwaarloosd door bedrijven, overheden en verenigingen. Toch is het belangrijk dat elke structuur over bepaalde essentiële vaardigheden beschikt. Het kan voor een organisatie beter zijn meer tijd te besteden aan het vinden van een geschikte persoon dan overhaast een kandidaat aan te werven die niet bij de functie past. In meer algemene zin is het voor bedrijven belangrijk een communicatiesysteem op te zetten dat optimale werkrelaties tussen collega's mogelijk maakt.

- **Innovatiebeleid.** Op een meer strategisch niveau, en in onze eigen economie, hebben steeds meer bedrijven – en universiteiten – moeite om het aantal innovaties waartoe zij in staat zijn te patenteren. Het bezit van octrooien moet gepaard gaan met een strategische visie, waardoor de eigenaars het nut en de waarde van hun innovaties kunnen presenteren. Zij hebben ook invloed wanneer zij met andere bedrijven onderhandelen over het gebruik van hun geoctrooieerde producten.

Wat de externe omgeving betreft, zijn vele factoren van invloed op de kansen en bedreigingen voor een organisatie, waaronder:

- **Economisch klimaat.** Het al dan niet aanwezig zijn van een sterke economische groei heeft zeker gevolgen voor de situatie van verschillende organisaties. Een gezonde economische activiteit stelt een onderneming in staat haar groei te vergroten. Evenzo kan een onderneming in moeilijkheden die haar marktaandelen verliest, in tijden van snelle economische groei soms een faillissement vermijden omdat de groei de zwakke punten van een onderneming gedeeltelijk kan compenseren. In gevallen van economische recessie kunnen we het tegenovergestelde resultaat veronderstellen.

- **Wereldwijde consumententrends.** Een ander aspect dat bedrijven niet over het hoofd mogen zien is de progressie van de consumentenbehoeften. Als het waardevoorstel in overeenstemming is met de nieuwe behoeften, is de progressie positief. Als de behoeften zich verwijderen van het waardevoorstel, is de progressie negatief. Om dit te voorkomen kan de marketingafdeling proberen te anticiperen op de veranderingen met behulp van verschillende instrumenten, zoals de levenscyclus van het product, waarin de verschillende fasen van een product (ontwikkeling, lancering, groei, volwassenheid en verval) worden beschreven.

- **Concurrentieklimaat.** Ook de ontwikkeling van de concurrentieomgeving speelt een belangrijke rol. De grootste, best presterende bedrijven of de bedrijven die eerder een prijzenoorlog zullen beginnen, kunnen een negatief effect hebben op de winstgevendheid van een onderneming.

- **Regelgeving.** De ontwikkeling van de regelgeving kan ook een bedreiging vormen indien een structuur er niet op is voorbereid. Maar in bepaalde gevallen stelt zij ondernemingen in staat hun concurrenten te ontwijken indien deze minder voorbereid zijn om te concurreren.

Nu u de theoretische basis van de SWOT-analyse begrijpt, kunt u zich amuseren en uw eigen analyse maken als student of werknemer. Als je bijvoorbeeld midden in je studie zit, heb je misschien een uitstekende algemene kennis (sterkte), maar heb je soms moeite om je ideeën schriftelijk uit te drukken (zwakte). Als student heb je toegang tot een groot aantal mogelijkheden zoals Erasmus of stages (opportunities). Maar de veranderingen in de kosten van levensonderhoud kunnen helaas problemen voor je opleveren (bedreiging).

BEPERKINGEN EN UITBREIDINGEN

KRITIEK

Theoretici en praktijkmensen zijn het er in het algemeen over eens dat de resultaten van een SWOT-analyse kunnen leiden tot een snelle analyse van de situatie, die bij benadering en onvolledig blijft. Ook sluiten de verschillende aspecten van de SWOT-analyse elkaar niet noodzakelijkerwijs uit.

Een nieuwe verordening kan bijvoorbeeld zowel als een bedreiging als een kans voor een onderneming worden gezien. De consultants Terry Hill en Roy Westbrook publiceerden een baanbrekend artikel over SWOT-analyse: It's Time for a Product Recall waarin de inherente beperkingen van een SWOT-analyse aan het licht komen.

- In de eerste plaats blijft zij hoofdzakelijk beschrijvend. In bepaalde gevallen is gebleken dat dit haar ondoeltreffend maakt, omdat zij het besluitvormingsproces niet op de een of andere manier stuurt. De diagnostiek van een SWOT-analyse kan uitstekend zijn, maar als de vooraf genomen beslissingen niet juist zijn of niet correct worden uitgevoerd, is zij nutteloos. We zien dus dat de SWOT-analyse niet echt een middel is om concurrentievoordeel te behalen.

- We kunnen niet voorbijgaan aan de kosten die gepaard gaan met het opstellen van een SWOT-analyse, omdat er een vergoeding voor de interne en/of externe consultants voor nodig is. Het is soms beter om zich niet te laten beperken door een managementmodel dat de creativiteit beperkt.

- Een ander risico vloeit voort uit het niet prioriteren van de geïdentificeerde factoren volgens de SWOT-analyse in volgorde van belangrijkheid en het focussen op onbelangrijke details. Naast tijdverlies kan dit voor een organisatie desastreuze gevolgen hebben als zij middelen besteedt aan het wegwerken van kleine problemen.

ANDERE MODELLEN

Er zijn andere modellen die even doeltreffend lijken als de SWOT-analyse en de besluitvorming even goed vergemakkelijken. De vijfkrachtenanalyse van Michael E. Porter (Amerikaans universitair docent, geboren in 1947) evalueert bijvoorbeeld de beperkingen waaraan een bedrijfstak onderhevig is. Anderen richten zich op de strategische interactie tussen concurrenten (bijvoorbeeld beslissingen in verband met de productiehoeveelheid en de vaststelling van prijzen). Zij bieden een minder uitgebreide aanpak, maar zijn nog steeds krachtige instrumenten om de macht van de concurrentie binnen de betrokken industrieën te evalueren.

De vijf krachten van Porter

Met het vijfkrachtenmodel van Porter kan een bedrijf zijn concurrentieomgeving analyseren. Het identificeert vijf krachten die het concurrentielandschap van een bedrijfstak kunnen beïnvloeden.

- De meest voor de hand liggende beperking waarmee een onderneming wordt geconfronteerd, is het **bestaan van directe concurrenten**. De intensiteit van de rivaliteit tussen ondernemingen hangt echter niet systematisch af van het bestaan van een aantal ondernemingen: het is mogelijk dat twee ondernemingen in bedrijfstak A een prijzenoorlog voeren, terwijl vier ondernemingen in bedrijfstak B een stabiel en winstgevend kartel vormen.

- De **dreiging van nieuwkomers** kan een onderneming er ook van weerhouden hoge prijzen vast te stellen, zelfs in het geval van een monopolist. Deze dreiging is niet altijd geloofwaardig als er aanzienlijke belemmeringen zijn bij het betreden en verlaten van de bedrijfstak, in welk geval het rendement te verwaarlozen is. Bepaalde ondernemingen investeren in overcapaciteit om meer te kunnen produceren als er een concurrent komt (waardoor de prijzen daadwerkelijk dalen en de winst van nieuwkomers op de markt afneemt). De nieuwkomers, die over het algemeen op de hoogte zijn van deze overcapaciteit, zijn minder geneigd om van start te gaan.

- Bedrijven moeten zich bewust zijn van **producten en diensten die hen kunnen vervangen**. Als we kijken naar het voorbeeld van vervoer over middellange en lange afstand (tussen 300 en 1000 km), zijn hogesnelheidstreinen de afgelopen decennia in West-Europa een serieus substituut geworden voor het luchtvervoer (wat heeft geleid tot een rationalisering van de luchtvaartsector met de opkomst van lagekostenmaatschappijen zoals Ryanair en easyJet).

- **De onderhandelingsmacht tussen leveranciers en afnemers kan** een beslissende invloed hebben op de winstgevendheid van een onderneming. In het algemeen kun je zeggen dat klanten en leveranciers betere prijzen kunnen krijgen wanneer er slechts enkele ondernemingen zijn en er potentiële nieuwkomers op de markt verschijnen.

Oligopolistische concurrentie en de aanwezigheid van kartels

Sommige economische modellen laten ons toe ons te concentreren op de strategische interactie tussen ondernemingen.

- **Het model van Antoine Augustin Cournot** (Frans wiskundige en filosoof, 1801-1877) werd gecreëerd om de oligopolistische concurrentie te analyseren (behorend tot een markt die gekenmerkt wordt door een klein aantal verkopers voor een groot aantal kopers). Het wordt meestal gebruikt totdat de ondernemingen beslissen welke hoeveelheden zij gaan produceren – een beslissing die wordt genomen met het oog op de invloed op het prijsbeleid. Actieve ondernemingen in de automobielindustrie bijvoorbeeld vinden het moeilijk om hun produktiecapaciteit op korte termijn te verhogen (het bouwen van een fabriek kost tijd). Voor een aantal concurrenten wordt de concurrentiedruk in een bedrijfstak in Cournot-stijl over het algemeen als gemiddeld en beperkt beschouwd.

- Daarentegen wordt **het model van Joseph Louis François Bertrand** (Frans wiskundige en econoom, 1822-1900) gebruikt totdat ondernemingen hun prijsniveau bepalen en de geproduceerde hoeveelheid gemakkelijk kunnen verhogen of verlagen. Zolang er concurrentie is, zoals Bertrand beschrijft, volstaan twee ondernemingen om de winst laag te houden, omdat zij onvermijdelijk in een prijsstrijd verwikkeld zullen raken. Dit model wordt vooral gebruikt door ondernemingen in sectoren waar het gemakkelijk is om de geproduceerde hoeveelheid op korte termijn te wijzigen in verband met deze concurrentie (bijvoorbeeld de textielindustrie). Als er ten minste twee concurrenten zijn, is de concurrentiedruk in een bedrijfstak van het type Bertrand over het algemeen zeer groot. Dergelijke industrieën zijn daarom in het begin minder aantrekkelijk.

- Het is ook mogelijk dat actieve concurrenten binnen een bedrijfstak – hoewel dit illegaal is – uitdrukkelijk overeenkomen de concurrentie te beperken. Dit staat bekend als een **georganiseerd kartel**. Informele afspraken zijn niet illegaal en zijn per definitie niet te bewijzen. Als een kartel stabiel is, zal de gezamenlijke winst van de betrokken ondernemingen gelijk zijn aan de winst van de monopolist. Kortom, de volgende voorwaarden vergemakkelijken de vorming van een kartel:

  - een laag aantal bedrijven;

  - het vermogen om degenen die de overeenkomst niet naleven snel op te sporen en te bestraffen;

  - voldoende geduld van de ondernemingen die aan de overeenkomst deelnemen.

PRAKTISCHE TOEPASSING

VIJF STAPPEN VOOR SUCCES MET DE SWOT-ANALYSE

1. **Sterke punten identificeren.** De elementen identificeren die een positieve invloed hebben op de prestaties van de organisatie en verband houden met de interne werking. Zoals vermeld in het hoofdstuk waarin het model wordt voorgesteld, is het nuttig deze identificatie grondig uit te voeren door een combinatie van wat de financiële situatie van de organisatie kenmerkt, de prestaties van haar distributiekanaal, haar merkimago, enz.

2. **Zwakke punten identificeren.** Identificeer vervolgens de elementen die een negatieve invloed hebben op de prestaties van de organisatie en die verband houden met het interne functioneren. Een zwak innovatievermogen, slechte communicatie en een onvermogen om net als andere concurrenten de kosten te verlagen zijn allemaal zwakke punten die de prestaties van een organisatie negatief beïnvloeden.

3. **Kansen identificeren.** De kansen die een bepaalde omgeving biedt, zijn externe factoren van een organisatie die een positieve invloed kunnen hebben. De te onderzoeken aspecten zijn min of meer specifiek voor elke organisatie (concurrentie, economische context, juridische en demografische aspecten, enz.)

4. **Bedreigingen identificeren.** Bij het identificeren van bedreigingen in een bepaalde omgeving is het nuttig de externe factoren van een organisatie te analyseren die een negatieve invloed zouden kunnen hebben. Ook hier hangen de te onderzoeken elementen af van de aard van elke organisatie.

5. **Een strategie vaststellen.** Zodra alle interne en externe factoren in kaart zijn gebracht, kan de besluitvormingsfase beginnen. Soms kan dit de vorm aannemen van strategische planning op lange termijn. In andere gevallen zal de SWOT-analyse de besluitvorming alleen maar versnellen door rekening te houden met de context waarin de organisatie zich ontwikkelt.

ADVIES

- Het is essentieel om uw bevindingen te ondersteunen met cijfers, gegevens en feiten. Een te snelle diagnose is de perfecte manier om slechte beslissingen te nemen.

- Probeer zo mogelijk ook elke sterkte, zwakte, kans en bedreiging te onderbouwen. Dit elimineert verwaarloosbare factoren die geen nuttige invloed hebben op de besluitvorming.

- De SWOT-analyse is alleen waardevol als zij ten volle wordt benut. Het is van essentieel belang dat de genomen beslissingen goed worden uitgevoerd.

- Wanneer u beslissingen neemt op basis van de resultaten van een SWOT-analyse, moet u alle inspanningen concentreren op de beslissingen die de organisatie kan nemen of beheersen.

CASUS – TOERISTISCHE ORGANISATIE IN ZUID-FRANKRIJK

In dit hoofdstuk bekijken we een voorbeeld van een SWOT-analyse. De bestudeerde organisatie is een kleine toeristische organisatie die wordt geleid door een echtpaar. Zij bezitten drie pensions in het zuiden van Frankrijk, op de grens van de Alpen en de Provence. Geïdentificeerd als een toeristische organisatie, trekken zij een klantenkring aan die voornamelijk buitenlands is, vooral in de zomer. Een van de grootste problemen van deze toeristische organisatie is de onregelmatigheid van de vraag naar gelang van het seizoen. De bezettingsgraad bedraagt bijna 100% in juli en augustus, maar de rest van het jaar is dat nauwelijks 30%. Het bezettingsprobleem houdt rechtstreeks verband met de externe omgeving van de onderneming, want het spreekt vanzelf dat het echtpaar dat de pensions beheert geen controle heeft over de vakantiedata van de klanten. Er zijn echter andere factoren die intern kunnen worden aangepast en dus gecontroleerd om de keuze van de toeristen te beïnvloeden.

Laten we eens kijken hoe een SWOT-analyse deze toeristische organisatie kan helpen verbeteren.

Analyse van de externe omgeving van de onderneming – bedreigingen en kansen

- **De ontwikkeling van de regelgeving heeft de** situatie van deze kleine organisatie de laatste jaren aanzienlijk beïnvloed. Zij vormen een echte beperking, in die zin dat de eigenaars soms grote bedragen moeten uitgeven om eraan te voldoen. We kunnen bijvoorbeeld denken aan nieuwe veiligheidsvoorschriften, die soms op soortgelijke wijze gelden voor grote hotels, aangezien deze profiteren van belangrijke schaalvoordelen (de gemiddelde kosten per kamer om aan de voorschriften te voldoen nemen af naarmate het aantal kamers toeneemt) en over het algemeen over modernere gebouwen beschikken.

- **De evolutie van het fiscale beleid** in een vreemd land kan vaak indirect een cruciale invloed hebben op de werking van een onderneming. In het geval van deze toeristische organisatie, die een aantal Belgische klanten met een welvarender sociaal-professioneel profiel aantrekt, is het mogelijk dat de aanpassing van de Belgische belasting op bedrijfswagens bijgevolg een daling van de bezettingsgraad heeft veroorzaakt. Het lijkt er namelijk op dat de betrokken fiscale hervorming de steun voor bedrijfswagens minder interessant heeft gemaakt voor de Belgische ondernemingen, die meestal gratis benzine ter beschikking stellen van het personeel dat over een dergelijk voertuig beschikt. Het gebruik van een auto om naar Zuid-Frankrijk te reizen is bijzonder nuttig voor de Belgen, vooral voor degenen met jonge kinderen. Als dit systeem minder wordt gebruikt, zijn de klanten bovendien geneigd hun gewoonten te veranderen en tegelijkertijd na te denken over andere vervoermiddelen en andere bestemmingen die verder weg en minder exotisch zijn. Dit laatste punt leidt tot het in het vijfkrachtenmodel van Porter ontwikkelde probleem van de substitutie van producten en diensten (bijvoorbeeld reizen per vliegtuig waarvoor de relatieve prijs een belangrijke concurrentie vormt).

- **De evolutie van de technologie** is zowel een kans als een bedreiging voor het jonge paar. De invoering van websites waarmee gebruikers rechtstreeks een kamer kunnen boeken – zonder tussenkomst van de eigenaars – heeft het beheer van pensions aanzienlijk veranderd. Deze technologische revolutie biedt kansen in die zin dat deze sites de zichtbaarheid vergroten en het contact tussen eigenaars en toeristen kunnen vergemakkelijken. Helaas is het vaak moeilijk om uw online reputatie onder controle te houden wanneer u deze diensten gebruikt. Doordat toeristen steeds vaker deze websites gebruiken om kamers te reserveren, zijn de papieren gidsen, waarin de toeristische infrastructuur vaak goed wordt vermeld, bijna verdwenen.

- **De rol van de overheid bij de bevordering van het toerisme in de regio.** De overheid heeft een aanzienlijke invloed op de aantrekkingskracht van een regio. In het geval van deze toeristische vestiging kan bijvoorbeeld de ondersteuning en promotie van omliggende plaatsen en/of activiteiten (bijvoorbeeld natuurschoon, eenmalige sportevenementen, enz.) door de lokale overheid meer klanten aantrekken.

- **De bereikbaarheid ervan door de lucht, per spoor en over de weg.** Gezien de moeilijke bereikbaarheid van hun vestiging wordt aanbevolen dat de beheerders de ontwikkeling van investeringsvoorstellen in de vervoersinfrastructuur (bv. snelwegen, spoorlijnen, luchthaventerminals, enz.) ondersteunen.

- **Het ongunstige economische klimaat** in verband met de crisis heeft uiteraard een directe negatieve invloed gehad op de wens van toeristen om op vakantie te gaan: het geraamde uitgavenbudget lijkt zelfs minder groot dan in 2008. Anderzijds zou de langverwachte terugkeer van de economische groei een positieve invloed kunnen hebben op de situatie van deze vestiging.

Analyse van de interne omgeving van de organisatie – Sterke en zwakke punten

- **Toeristische tevredenheid.** De tevredenheid van de toeristen is goed. Dat is niet alleen een teken van een succesvolle organisatie, maar ook belangrijk omdat het nieuwe klanten aantrekt door mond-tot-mondreclame en de online reputatie die daardoor ontstaat (een goed online merkimago). Veel toeristen kunnen trouwe klanten worden en komen elk jaar terug. Sommigen worden zelfs echte ambassadeurs van het etablissement en moedigen hun vrienden en familie aan om er op vakantie te gaan.

- **De ligging van het toeristische etablissement** is zowel aantrekkelijk als ontmoedigend. De geografische afzondering van de plaats trekt een bepaald type toerist aan die een pauze in een rustige omgeving wil, in welk geval dit etablissement perfect is. Deze ligging kan ook als een zwak punt worden beschouwd, in die zin dat de pensions moeilijk bereikbaar zijn met het openbaar vervoer en ver verwijderd zijn van de voorzieningen (supermarkten, restaurants, enz.). Ook is de regio niet erg bekend bij toeristen.

- **De nabijheid van activiteiten en toeristische diensten.** De beschikbaarheid van diverse sportactiviteiten, waaronder seizoensgebonden activiteiten (wandelen en mountainbiken in de zomer; skiën in de winter) in de nabijheid van de accommodatie is een absolute troef voor de organisatie. Ook het organiseren van vaste maaltijden kan toeristen met elkaar in contact brengen. Velen van hen stellen dit sociale contact op prijs, ook al geven sommigen de voorkeur aan hun privacy.

- **Klantprofiel.** Momenteel trekt de organisatie vooral particulieren aan. Het zou interessant kunnen zijn om een andere klantenkring aan te trekken. Contact opnemen met bedrijven die seminars en/of teambuildingsessies willen organiseren is een mogelijke oplossing. Een andere mogelijkheid is samenwerking met aanbieders van toeristische diensten, zoals wandelorganisaties.

- **Kwaliteit van de internetverbinding.** De internetverbinding is traag door de geïsoleerde ligging, wat in dit digitale tijdperk een aanzienlijk zwak punt is.

De SWOT-analyse heeft ons in staat gesteld een aantal sterke punten, zwakke punten, kansen en bedreigingen van de organisatie te identificeren. Laten we nu nagaan hoe de combinatie van deze elementen kan leiden tot het nemen van efficiënte strategische beslissingen. Vanaf dit punt is het mogelijk om:

- **Kansen benutten.** De evolutie van de technologie kan worden benut met betrekking tot de zichtbaarheid die het internet biedt. De organisatie doet er verstandig aan haar pensions te registreren op de beschikbare platforms waar potentiële klanten (mensen die op zoek zijn naar een afgelegen vakantieplek) ze kunnen vinden. Aangezien consumenten een lager vakantiebudget hebben dan vroeger, zou het voor de organisatie nuttig kunnen zijn om haar prijsbeleid aan te passen, waarbij zij met name gebruik maakt van de mogelijkheden die de nieuwe technologie biedt (bijvoorbeeld last minute aanbiedingen).

- **Anticiperen op bedreigingen.** Ook al kan de ontwikkeling van het regelgevingskader worden beschouwd als een bedreiging op korte termijn, het is ook een belemmering voor de ontwikkeling van nieuwe structuren. Op lange termijn vormen zij een uitstekende barrière bij de ingang en stellen zij degenen die zich aan het nieuwe regelgevingskader aanpassen in staat te profiteren van stabiliteit tegenover concurrentie.

- **Sterke punten versterken.** Mond-tot-mondreclame zou de meest doeltreffende methode kunnen zijn als de organisatie beter communiceert met haar vaste klanten om hen in andere seizoenen aan te trekken. Hun loyaliteit kan ook worden benut via sociale netwerken.

- **Enkele zwakke punten verhelpen.** Om het klanten-bestand te diversifiëren zou het bedrijf verblijven aan zakelijke klanten kunnen voorstellen (organisatie van een professioneel seminarverblijf of een thema-verblijf op het gebied van gastronomie, sport of iets dergelijks).

Er zouden ook andere beslissingen kunnen worden genomen en er zouden ongetwijfeld andere meningen in overweging kunnen worden genomen, maar uiteinde-lijk zal alles afhangen van de prioriteiten die door de verantwoordelijken van de organisatie zijn vastgesteld.

SAMENVATTING

- De SWOT-analyse behelst de analyse van factoren die het interne functioneren en de externe omgeving van een organisatie, die een bedrijf, een vereniging of een overheidsdienst kan zijn, (positief of negatief) beïnvloeden.

- De sterke en zwakke punten zijn de maatregelen die een organisatie kan beheersen. Kostenconcurrentievermogen speelt uiteraard een bepalende rol in het succes van een onderneming. Men mag nooit de rol onderschatten die de concurrentie speelt met betrekking tot andere zaken, met name het innovatievermogen.

- Kansen en bedreigingen houden verband met de externe omgeving van een organisatie en kunnen niet door hen worden beheerst. Vaak wordt gedacht dat ze economisch zijn (groei of recessie), maar het is belangrijk om andere aspecten die meer specifiek zijn voor de sector (veranderende behoeften van de klant, concurrentieomgeving en regelgeving) niet te negeren.

- De studie van sterke en zwakke punten, kansen en bedreigingen moet leiden tot besluitvorming of de vaststelling van strategieplannen.

- Wat advies voor het uitvoeren van een SWOT-analyse: Denk eraan deze te baseren op feiten in plaats van op instellingen. Het is cruciaal om uw analyse te onderbouwen met concrete cijfers (bijv. financiële gegevens).

- De SWOT-analyse is momenteel een zeer populaire methode, vooral binnen marketingafdelingen van grote ondernemingen.

- De eenvoud ervan blijft een tweesnijdend zwaard. Sommige auteurs hebben aangetoond dat het gebruik van de SWOT-analyse soms een negatief effect kan hebben op de prestaties van een organisatie. Negatieve effecten kunnen zijn een gebrek aan nauwkeurigheid of het niet volgen van de analyse door het aanbevolen strategisch actieplan (volgens Terry Hill en Roy Westbrook).

- Er zijn andere modellen ontwikkeld om de opstelling van strategische planning te vergemakkelijken:

  - Het vijfkrachtenmodel, dat eind jaren zeventig door Michael E. Porter is gecreëerd, richt zich vooral op de beperkingen die de winstgevendheid van een bedrijf negatief beïnvloeden;

  - andere alternatieven voor de SWOT-analyse die in de [19e] eeuw zijn ontwikkeld, de modellen van de Franse economen Antoine Augustin Cournot en Joseph Bertrand, maken een grondige analyse van de concurrentie in de vereiste context mogelijk.

VERDER LEZEN

BIBLIOGRAFIE

BCV. (2015) *D'une idée à un plan*. [Online]. [Geraadpleegd op 6 juni 2014]. Beschikbaar op: < http://www.bcv.ch/fr/entreprises/outils_et_conseils/creer_votre_entreprise/d_une_idee_a_un_plan/votre_produit_ou_service_a_t_il_un_potentiel_de_vente_sur_le_marche/preparer_une_analyse_swot>

Bouvier-Patron, P. (2011) *Onderneming en innovatie. Vers l'inter-organisation innovante responsable?* Parijs: L'Harmattan.

Codex Celo. (2010) *L'art de (bien) utiliser une matrice SWOT pour convaincre*. [Online]. [Geraadpleegd op 6 juni 2014]. Beschikbaar op: < http://www.ilikepm.com/2010/08/02/lart-de-bien-utiliser-une-matrice-swot-pour-convaincre/>

Europese Commissie. (2008) *L'analyse SWOT*. [Online]. [Geraadpleegd op 6 juni 2014]. Beschikbaar via Internet Archive: < https://web.archive.org/web/20080913090043/http://ec.europa.eu/europeaid/evaluation/methodology/examples/too_swo_res_fr.pdf>

Helms, M. M. (2013) Encyclopedia of Management Theory. SWOT Analyse Framework. *Sage Knowledge*. [Online]. [Accessed 6 June 2014]. Beschikbaar via: < http://www.sagepub.com/gray3e/study/chapter3/Encyclopaedia%20entries/SWOT_Analysis_Framework.pdf>

Hill, T. en Westbrook, R. (1997) SWOT-analyse: Het is tijd voor een productterugroeping. *Long Range Planning.* 30(1), pp. 46-52.

Lambin, J-J. en de Moerloose, C. (2008) *Marketing stratégique et opérationnel. Du marketing à l'orientation-marché.* [7e editie]. Parijs: Dunod.

Learned, E. P., Christensen, R., Andrews, K. en Guth, W. (1965) *Business Policy – Text and Cases.* Homewood: Irwin.

Mayrhofer, U. (2007) *Management stratégique.* Parijs: Bréal.

Porter, M. E. (2008) The Five Competitive Forces That Shape Strategy. *Harvard Business Review.* Beschikbaar op: < https://hbr.org/2008/01/the-five-competitive-forces-that-shape-strategy?cm_sp=Article-_-Links-_-Comment>

Rousseau, B. (Geen datum) Analyses SWOT. *ANDLIL.* [Online]. [Geraadpleegd op 6 juni 2014]. Beschikbaar op: < http://www.andlil.com/analyses-swot/>

Université du Québec à Montréal. (2014) *Fiche technique. L'analyse SWOT.* [Online]. [Geraadpleegd op 6 juni 2014]. Beschikbaar via Internet Archive: < https://web.archive.org/web/20120710011319/http://www.er.uqam.ca/nobel/r20014/methodologie/SWOT.PDF>

Van Laethem, N. (2010) L'analyse SWOT : 10 conseils pour la réussir. *Le blog de la stratégie marketing.* [Online]. [Geraadpleegd op 6 juni 2014]. Beschikbaar op: < http://www.marketing-strategie.fr/2010/05/15/10-conseils-pour-reussir-lanalyse-s-w-o-t/>

Varian, H. (2011) *Introduction à la microéconomie.* [7e editie] Brussel: De Boeck.

We horen graag van u! Laat
een reactie achter op jouw online bibliotheek
en deel je favoriete boeken op social media!

IMPROVE YOUR GENERAL KNOWLEDGE

IN THE BLINK OF AN EYE!

www.50minutes.com

De uitgever garandeert de betrouwbaarheid van de gepubliceerde informatie, die echter niet onder zijn verantwoordelijkheid valt.

Master ISBN: 9782808063777
Papier ISBN: 9782808064064
Wettelijk depot: D/2022/12603/51

Digitaal ontwerp: Primento,
de digitale partner van uitgevers.